AF244696

NOTICE SUR UN SÉJOUR

DE

SALOMON DE CAUS

A BRUXELLES,

PAR

CH. DUVIVIER.

Bruxelles,

EMM. DEVROYE, IMPRIMEUR DU ROI,

RUE DE LOUVAIN, 40.

1860

NOTICE SUR UN SÉJOUR DE SALOMON DE CAUS

A BRUXELLES.

La découverte des propriétés de la vapeur et son application récente à l'industrie ont appelé l'attention des savants sur ceux qui, les premiers, ont porté leur génie vers l'étude de cette force nouvelle mise au service de l'homme.

L'origine première des inventions et des découvertes est ordinairement environnée d'obscurité : la raison en est, qu'au début elles semblent présenter peu d'utilité pratique et passent inaperçues, jusqu'à ce qu'un jour il s'en fasse une application utile aux besoins de l'homme. Or, il est rarement donné au même génie d'inventer et d'appliquer : l'homme de la théorie ne sait ou ne peut descendre à la pratique. Aussi connaît-on moins celui qui découvre un principe que celui qui l'applique.

L'Angleterre, la France, l'Italie, l'Espagne se disputent l'honneur de la première application de la vapeur; et peut-être faudrait-il, comme l'a fait un savant, remonter jusqu'à Héron d'Alexandrie, qui vivait 120 ans avant Jésus-Christ (¹). Dans l'ordre chronologique, après celui-ci, viendrait un Espagnol, Blasco de Garay (1543), puis le Français Salomon de Caus (1615), l'Italien Branca (1629), et enfin le marquis de Worcester (1663) sous Charles II d'Angleterre (²).

Quoi qu'il en soit de la priorité, Salomon de Caus « est le premier

---

(¹) « Dans un des appareils décrits par lui, on trouve un certain emploi de la vapeur aqueuse. » ARAGO, *Notice sur les machines à vapeur*, dans l'*Annuaire du bureau des longitudes*, 1837, p. 21.

(²) ARAGO, *ibid.*

« qui ait songé à se servir de la force élastique de la vapeur aqueuse
« dans la construction d'une machine hydraulique propre à opérer les
« épuisements ([1]). »

Ce fut à la suite d'un premier article d'Arago (1829) et de celui que
nous venons de citer (1837), que l'attention se porta sur Salomon de
Caus, et qu'on revendiqua la découverte pour lui et pour la France
sa patrie. Les articles d'Arago suscitèrent des controverses ardentes :
l'Angleterre tenait pour Worcester, la France pour Salomon de
Caus ([2]); et lorsque la question d'antériorité parut vidée en faveur de
ce dernier, divers pays le réclamèrent pour leur enfant ([3]).

Mais qui était cet homme? quelle fut sa vie, sa patrie? Quelques
rares bibliophiles connaissaient l'existence d'un traité, signé de lui, et
intitulé : *Raisons des forces mouvantes;* mais, pour les autres, il était
complétement inconnu. La discussion fit briller son nom d'une nouvelle vie; et, la légende s'en mêlant, on en fit un autre Galilée,
une victime de l'idée, un martyr de la science. Une lettre apocryphe
de Marion de Lorme à Cinq-Mars, publiée dans la *Gazette de France*
du 3 mars 1834, donna à croire que Salomon de Caus était mort à
Bicêtre. Cette légende inspira les poëtes ([4]), mais le fait heureuse-
ment est encore à prouver ([5]).

Salomon de Caus, comme le prouvent les documents que nous produisons ([6]), est né en France, à Dieppe ou aux environs selon les
biographes ([7]). S'il faut s'en rapporter à la date inscrite sur son portrait, conservé dans la galerie d'antiquités d'Heidelberg, il aurait vu

---

([1]) ARAGO, *ibid.*, p. 306.

([2]) En France, on accusa l'Angleterre d'avoir enlevé sur le continent tous les exem-
plaires de l'ouvrage de Salomon de Caus. *Magasin pittoresque*, t. XVI, p. 251. —
Voy. aussi l'article d'Arago de 1837 et la réponse, contenue dans cet article, à l'adresse
d'un savant anglais.

([3]) *Magasin pittoresque,* t. XVI, p. 251.

([4]) *Voy.* les magnifiques vers consacrés à S. de Caus par M. Potvin, dans la *Revue
trimestrielle,* t. IV, p. 207. M. Potvin a pris la légende pour texte de son poëme, mais
en la révoquant en doute.

([5]) *Magasin pittoresque,* t, XVI, p. 251 ; M. Potvin, notes de son poëme, p. 253.

([6]) « Pour le bon rapport que fait nous a esté de la personne de Salomon de Cauls
franchois... » *Annexes*, nos I et II.

([7]) *Biographie universelle* de Didot.

le jour en 1576 ([1]). Son prénom, celui d'un savant qu'on croit avoir été son parent (Isaac de Caus), et celui de sa femme (Esther) indiqueraient que sa famille était, non pas d'origine protestante, mais juive ou d'origine juive ([2]).

Il s'appliqua avec ardeur à l'étude des mathématiques et des sciences mécaniques, et fit d'Archimède, de Vitruve et d'Euclide sa lecture favorite. Nous voyons même, dans l'avis au lecteur placé en tête de son dernier ouvrage, qu'il travailla longtemps à une traduction de Vitruve ([3]).

On ignorait jusqu'ici son séjour à Bruxelles et les travaux qu'il y exécuta ; aucune Biographie n'en fait mention, et l'on ne possédait quelques détails sur sa vie qu'à dater de la publication de son premier ouvrage, en 1612.

C'est en janvier 1605 (il avait alors 29 ans), et à la suite d'un voyage en Italie ([4]), que nous le voyons paraître à la cour des archiducs Albert et Isabelle, avec le titre d'ingénieur de leurs Altesses.

Les archiducs, à cette époque, s'occupaient de grands travaux d'utilité ou d'agrément personnel : ils ornaient leur parc de Marimont, ils embellissaient le palais de Bruxelles et faisaient exécuter au Parc des ouvrages qui montaient déjà, en 1610, à trente ou quarante mille florins ([5]).

([1]) Ce portrait est reproduit dans le *Magasin pittoresque*, t. XVIII, p. 193. On y lit : ÆTATIS SUÆ 43, 1619.

([2]) Sur Isaac de Caus, *voy.* la *Biographie universelle* de Didot. — Quant au nom de la femme de Salomon de Caus, *voy.* annexe n° III. — La Biographie Didot semble trouver la preuve de l'origine protestante de notre savant dans son entrée au service de divers princes protestants. Mais nous allons le voir se mettre d'abord au service du plus catholique des princes, l'archiduc Albert.

([3]) *Biographie universelle ; Magasin pittoresque*, t. XVIII, p. 193.

([4]) « Passant à Pratolin, cinq milles près de Florence... » *Raisons des forces mouvantes*, etc., livre II, p. 14. — *Voy.* aussi le *Magasin pittoresque*, t. XVIII, p. 193.

([5]) *Papiers d'État et de l'Audience : Patentes et commissions*, liasse 1178, aux Archives du royaume. — Il y avait un maître des ouvrages de la cour : c'était, en 1601, Henri Meerts, dont la commission date de cette année. *Ibid.*, liasse 1467, et *Registre aux gages et pensions*, n° 45872 de la Chambre des comptes, p. 251. — Nous trouvons à cette époque comme ingénieur de la cour, Sylvain Bollin, qui participa à la construction de la machine hydraulique. *Papiers d'État et de l'Audience : Ordon-

De 1601 à 1603, ils avaient fait transformer un ancien moulin domanial, situé à Saint-Josse-ten-Noode, en une machine hydraulique, destinée à alimenter d'eau l'ancien palais des ducs. Elle fut construite par George Muller d'Augsbourg, et terminée vers 1604 (¹). Au moyen de ces eaux, ils songeaient à orner le Parc en le décorant de fontaines artificielles, de grottes et de jardins; et il fallait que la réputation de Salomon de Caus fût déjà bien établie, pour qu'il eût été appelé par les archiducs et chargé de la direction des travaux comme ingénieur, avec un traitement plus élevé que celui de ses confrères. Les plans qu'il soumit à leurs Altesses obtinrent leur assentiment.

Sa commission d'ingénieur est du 21 janvier 1605 : « Avons, disent « les archiducs, icellui Salomon de Cauls commis, ordonné et « establi, commettons, ordonnons et establissons par ces présentes à « l'estat et office de nostre ingéniaire, pour, en icelle qualité, nous « servir à la fontaine artificielle en nostre court, et en toutes aultres « choses que luy seront de par nous commandé au faict de sa voca- « tion, selon les articles par luy à nous exhibez et signez, reposans en « noz dites Finances, aux gaiges de soixante quinze livres, du prix de « quarante groz notre monnoye de Flandre la livre, par mois,... (²) »

Aux termes de sa commission, Salomon de Caus prêta serment, le 14 février 1605, entre les mains du chef-président du Conseil privé, J. Richardot. A dater de ce jour aussi, courut le premier terme de son traitement (³).

Les plans de Salomon de Caus, déposés aux archives du Conseil des finances, sont perdus (⁴); mais les documents que nous produisons fournissent quelques renseignements sur les travaux qu'il exécuta dans

---

nances sur requêtes, liasse 1267 ; M. WAUTERS, *Histoire des environs de Bruxelles,* t. III, p. 22.

(¹) *Compte de la construction de la machine hydraulique,* n° 27489 de la Chambre des comptes : M. WAUTERS, t. III, pp. 21-23.

(²) *Voy.* la commission et l'ordonnance, *Annexes* n° I et II ; *Registre aux gages,* n° 45872 de la Chambre des comptes, *Annexe* n° VII.

(³) *Ibid.*

(⁴) Les archives des Finances furent consumées par l'incendie en 1734. Ce qui en a été sauvé, pour les premières années du xvii° siècle, ne nous fournit aucun renseignement.

notre capitale. C'est à lui qu'on doit la transformation et les embellissements opérés au Parc dans les premières années du xviiᵉ siècle (¹).

Un grand terrain y fut partagé en quatre carrés, formant un labyrinthe (nom qui lui resta) d'allées et de chemins entrelacés et bordés de pilastres de pierre et de palissades peintes ; au centre de trois de ces carrés se voyaient des bassins, où des Amours lançaient de l'eau à une grande hauteur (²).

« En sortant du labyrinthe, dit Fricx (³), on entre dans un parterre
« d'eau, comparti de pierre à grands dessins et embelli de quantité
« de fontaines jaillissantes, dont les eaux retombent dans des com-
« partiments qui leur servent de bassin (⁴). Il est de figure carrée et
« plus bas que les quatre allées qui l'environnent ; des parois des
« murs soutenant ces allées, jaillissent vers ce parterre une infinité
« de filets d'eau qui se croisent et forment des arcs sans nombre. On
« monte de ce lieu charmant sur une grande terrasse carrée, dont le
« centre est orné d'un bassin élevé sur une colonne et d'où jaillit une
« eau qui prend toutes sortes de figures au moyen d'instruments
« qu'on emboîte dans le tuyau... ».

De là on arrive à une terrasse : « on y monte par un escalier à sept
« degrés, parsemés d'une infinité de tuyaux jaillissants, qui couvrent
« d'eau ceux qui ne s'attendent pas à cette surprise. La plate-forme,
« pavée dans un goût rustique, contient presque autant de jets d'eau
« que de pavés. Chaque portique offre à la vue des ouvrages curieux
« en rocaille, coquillages et des figures d'hommes, bêtes, poissons,
« qui jettent de l'eau (⁵). Celui du milieu représente le Parnasse (⁶).

(¹) D'après MM. Henne et Wauters (*Histoire de Bruxelles*, t. III, p. 330 et suiv.), l'ornementation du parc daterait de 1630. Ils n'en nomment pas l'auteur. — *Voy.* spécialement *Annexe* nᵒ VIII

(²) MM. Henne et Wauters, *loc. cit.*

(³) Cité par MM. Henne et Wauters, *ibid.*

(⁴) Dans son traité intitulé : *Les raisons des forces mouvantes*, liv. I et II, Salomon de Caus donne la description, avec figures, de fontaines, grottes, etc. Dans la dédicace du livre II à l'Électrice palatine, il dit avoir représenté dans ce même livre une partie des fontaines construites par lui au palais de Richemond.

(⁵) *Voy. Raisons des forces mouvantes*, livre II, problème II et figure.

(⁶) Le problème XIII du livre II, représente « un mont Parnasse, où l'on pourra faire quelques grottes dedans. »

« Dans quelques-uns, l'eau fait tourner des moulins et travailler des
« forgerons, des scieurs ([1]), des bûcherons, des tisserands et même
« des cuisiniers ; dans les autres enfin, ce sont des cascades ornées
« d'oiseaux, de bêtes et de dragons. C'est, sans contredit, un des plus
« beaux morceaux qu'on voie en ce genre et où les eaux soient
« maniées avec plus d'art et de délicatesse... ». Outre cela, on voyait,
du côté des remparts, une grotte appelée la grotte *de bois* ou *du bois,*
et supportant une statue de la Madeleine ; une autre, appelée *la
Grande Grotte*, était construite à deux étages ([2]). Tous ces travaux furent démolis et détruits lors de la transformation du Parc
en 1776 ([3]).

Salomon de Caus avait avec lui, comme aide, Silvain Bollin,
qualifié « ingéniaire et assistant à la direction des ouvrages de la
cour ([4]), » et (en 1610) Gérard Philippe, qui s'attribue dans une
requête le titre « d'ayude de Salomon de Caus ([5]). »

Le 19 mars 1606, Salomon de Caus, du consentement des archiducs, fut fiancé avec une jeune fille de la paroisse de Saint-Géry,
nommée Esther Picart, et leur mariage fut célébré le 10 avril suivant
à la même paroisse ([6]). En considération de cette union, les archiducs lui accordèrent, le 20 juin 1606, un don de 200 livres ([7]).
L'année suivante, il lui naquit un fils, qui fut baptisé, le 24 février 1607, à la paroisse de Sainte-Gudule, et reçut le prénom de
Guillaume ([8]).

Salomon de Caus resta six ans et demi à Bruxelles, y vaquant aux
devoirs de sa charge ; il reçut son traitement jusqu'au 13 août 1610 ;

([1]) Même ouvrage, livre I, problème XVIII et figure.

([2]) Archives du Conseil des finances, sauvées de l'incendie, liasse intitulée :
Fortifications de Bruxelles, fontaines de la cour, etc. ; MM. HENNE et WAUTERS,
p. 334.

([3]) MM. HENNE et WAUTERS, p. 337.

([4]) Il recevait annuellement 465 livres, *Registre aux gages* cité, p. 252 ; *Audience :
Ordonnances sur requêtes*, liasse 1267.

([5]) *Voy. Annexe* n° VIII. — A la page 39 des *Raisons des forces mouvantes,* nous
voyons figurer le nom de Pierre Filippe.

([6]) *Voy* l'acte de mariage, *Annexe* n° III.

([7]) *Annexes* n°ˢ IV et V.

([8]) *Annexe* n° VI. Les registres aux baptêmes des paroisses de Bruxelles ne
mentionnent aucun autre enfant.

c'est donc vers cette époque qu'il quitta notre ville (¹). Dans les dernières années de son séjour, il s'y occupait, comme il le déclare (²), « de la perspective », dont « il a fait aulcunes leçons ». Il est probable aussi que ce fut dans notre capitale qu'il fit ses premières expériences au sujet des « forces mouvantes » et de la vapeur (³).

Remplacé, provisoirement d'abord, comme « ingéniaire des grottes et fontaines », il le fut définitivement en 1612 par Gérard Philippe, aux gages de 800 livres; celui-ci acheva les travaux de de Caus (⁴). Un ingénieur resta depuis lors définitivement attaché à l'entretien des fontaines et des grottes du Parc (⁵). En 1613, cette charge fut confiée à l'ingénieur Léonard d'Aymery (⁶), et, en 1678, à Nicolas Schwartz (⁷). L'entretien des fontaines coûtait à cette époque 600 florins annuellement, outre les traitements (⁸).

De Bruxelles, où il semble qu'il eut l'intention de revenir (⁹), Salo-

---

(¹) Les *Registres aux gages*, à Bruxelles, sont incomplets : le dernier payement y mentionné est celui du semestre finissant le 13 février 1610. Nous nous sommes adressé à M. Le Glay, archiviste général du département du Nord, pour obtenir, d'après les comptes de la recette générale, la mention des payements postérieurs faits à S. de Caus. M. Le Glay, avec sa complaisance inépuisable, s'est empressé de nous transmettre ce que nous désirions. Qu'il en reçoive ici nos remerciments.

(²) Dédicace de son traité « *La Perspective*, etc. »

(³) Il quitte Bruxelles vers la fin de 1610; de 1611 à 1613, il s'occupe très-activement de l'ornementation des jardins du palais de Richemond, et c'est en 1615 que parurent ses *Raisons des forces mouvantes*.

(⁴) *Annexe* n° VIII. — Le 22 septembre 1611, il reçut des archiducs un don de 100 livres; le 4 février 1612, il en reçut un autre de 150 livres, et un autre encore de la même somme le 23 avril 1613. *Audience : Ordonnances sur requêtes*, liasses 1279 et 1284 ; *Patentes et commissions*, liasse 1181.

(⁵) MM. Henne et Wauters, t. III, pp. 330 et suiv.

(⁶) *Ordonnances sur requêtes*, liasse 1293; *Patentes et commissions*, liasse 1185.

(⁷) Celui-ci, d'après sa commission, prenait à sa charge « tous les ouvrages mouvans au moulin des fontaines à Saint-Josse-ten-Noode, hors de la porte de Louvain »; il était tenu « d'entretenir les grandes buses menant l'eau dudit moulin dans le parcq..., toutes les buses des fontaines dans le parcq, les feuillies, grottes, jardins, vignobles »; il était tenu « de faire par jour deux ou trois visites partout et principalement au moulin et premier réservoir sur la tourette aux remparts de cette ville, pour voir si l'eau monte à son ordinaire, etc. » Conseil des finances, *Papiers sauvés de l'incendie*, liasse intitulée : *Fortifications de Bruxelles*, etc.

(⁸) *Ibid.*

(⁹) *Annexe* n° VIII. — On voit, en effet, par ce document, que Gérard Philippe le remplaçait provisoirement *pendant son absence*.

mon de Caus passa au service du prince de Galles (Charles Ier). Il était le 1er octobre 1611 à Richemond, où il travaillait à l'embellissement de cette résidence et d'où il date la dédicace de son premier ouvrage (¹). Il n'habita pas longtemps l'Angleterre : en 1614, nous le trouvons à Heidelberg, près de l'électeur palatin, Frédéric V, qui avait épousé, en 1613, Élisabeth sœur du prince de Galles (²). En 1615, il publia à Francfort (³) les *Raisons des forces mouvantes avec diverses machines, tant utiles que plaisantes, auxquelles sont adjoints plusieurs desseings de grotes et fontaines.* La dédicace est adressée « au roy très-chrétien » et datée d'Heidelberg, le 15 février 1615. C'est dans cet ouvrage que se trouve le théorème mentionné par Arago (⁴); il est intitulé : « *l'eau montera par aide du feu plus haut que son niveau.* » Un autre théorème plus important, contenu dans ce livre, est celui de l'expansion et de la condensation de la vapeur, « théorème « qui devait conduire naturellement au mouvement alternatif du « piston, c'est-à-dire, au véritable secret des machines à vapeur (⁵). » En voici l'énoncé : « *les parties des élémens se meslent ensemble pour un temps, puis chacun retourne en son lieu.* »

Le livre II, qui comprend la description de grottes et fontaines, est dédié à la princesse Élisabeth.

Le livre III traite de la fabrication des orgues : « ce 3e livre, dit « M. Fétis (⁶), est très-remarquable pour le temps ou il fut écrit. »

Son *Institution harmonique* parut en 1615 à Francfort (⁷); l'ouvrage est dédié à la princesse Anne, reine de la Grande-Bretagne. En 1620, il publia encore, à Heidelberg, un recueil de dessins et de plans du jardin d'Heidelberg, construit par l'électeur palatin (⁸).

(¹) *La perspective avec la raison des ombres et des miroirs*, etc. A Londres, chez Jan Norton, 1612.

(²) *Biographie universelle ; Magasin pittoresque*, t. XVIII, p. 193.

(³) Chez Jan Norton.

(⁴) Théorème V, p. 4. — Le *Magasin pittoresque* a reproduit le dessin des appareils qui accompagnent les théorèmes de S. de Caus, t. XV, p. 232, et t. XVI, p. 251.

(⁵) *Biographie universelle*, et théorème I, p. 2 v°.

(⁶) *Biographie universelle des musiciens.*

(⁷) « En la boutique de Jan Norton, 1615. »

(⁸) *Hortus Palatinus a Frederico rege Bœmiæ electore palatino Heidelbergæ exstructus*, 1620, in-fol. (J. Théodore de Bry). — *Voy.* la *Biographie universelle.*

Il parait qu'en 1624 Salomon de Caus était rentré en .France ; il
publia cette année à Paris une 2e édition des *Raisons des forces mouvantes*, et un nouveau traité : *la Pratique et démonstration des hor-
loges solaires* (¹).

Après cette date, on ignore ce qu'il devint. L'époque de sa mort est
inconnue ; on la fixe, peut-être à tort, entre 1630 et 1636 (²).

(¹) H. Drouart, 1624, in-folio, dédié au cardinal de Richelieu. — *Voy. Biographie
universelle ; Magasin pittoresque*, t. XVIII, p. 193.
(²) *Ibid.*

ANNEXES.

1

Commission d'ingeniaire pour Salomon de Cauls, franchois.

Albert et Isabel, etc., à tous ceulx qui ces présentes verront, salut.
Scavoir faisons que, pour le bon rapport que fait nous a esté de la personne
de Salomon de Cauls, franchois, et de ses sens, discretion et souffisance,
nous confians a plain de ses leaulté, preudhommie et bonne dilligence, eu
sur ce l'advis de nos très-chiers et feaulx les chiefs tresorier general et
commis de noz demaines et finances, avons icellui Salomon de Cauls
commis, ordonné et establi, commettons, ordonnons et establissons, par
ces presentes, à l'estat et office de nostre ingeniaire, pour, en icelle qualité,
nous servir à la fontaine artificielle en notre court, et en toutes aultres
choses que luy seront de par nous commandé au faict de sa vacation, selon
les articles par luy à nous exhibez et signez, reposans en nozdites Finances,
aux gaiges de soixante quinze livres, du prix de quarante groz notre monnoye de Flandre la livre, par mois, à en estre payé par les mains de nostre
amé et féal conseillier et receveur général de nosdites finances Christophe
Godin présent ou aultre advenir, à commencer avoir cours aujourd'hui,
date de cestes presentes; et au surplus, aux droitz, honneurs, libertez,
franchises et exemptions y appartenans tant qu'il nous plaira. Sur quoy
et de s'y bien et deuement acquicter ledit Salomon de Cauls sera tenu
faire le serment pertinent, et, en oultre, jurer, etc., et ce ès mains de
nostre très-chier et feal chief président de nostre Conseil privé et conseillier d'estat, messire Jehan Richardot, chevalier, s^r de Barly, que commettons à ce; et luy mandons que, ledit serment fait par ledit Salomon de Cauls,
il le mette et substitue de par nous en possession dudit estat de nostre
ingeniaire, et d'icelluy ensemble des droitz, honneurs, libertez, franchises,
et exemptions susdites; et tous aultres noz justiciers, officiers et subjectz,
cui ce regardera, le facent, seuffrent et laissent plainement et paisible-
ment joyr et user, cessans tous contreditz et empeschemens, au contraire.
Mandons, en oultre, ausditz de noz finances que, par nostre recepveur
general d'icelles, present ou aultre advenir, ils facent payer, bailler et
delivrer audict Salomon de Cauls lesditz gaiges de soixante quinze livres
par mois, du prix que dessus, à commencer et à durer tant qu'il nous plaira,

comme dit est, et en rapportant cestes presentes, vidimus ou copie auten-
tieque d'icelles pour une et la première foiz, et, pour tant de foiz que
mestier sera, quictance dudit Salomon de Cauls sur ce servante tant seul-
lement. Nous voulons tout ce que payé, baillé et delivré luy aura esté à la
cause dite, estre passé et alloué en la despence des comptes et rabattu des
deniers de la recepte de nostre dit recepveur general des finances present
ou aultre advenir qu'il apperttiendra, et payé l'aura par noz amez et feaulx
les president et gens de nos comptes a Lille, ausquelz mandons semblablement d'ainsi le faire, sans aulcune difficulté, car ainsi nous plaist-il. En
tesmoing de ce, nous avons fait mettre nostre scel a cestes presentes.
Donné en nostre ville de Bruxelles, le vingt ungiesme jour de janvier, l'an
de grace mil six cens cincq.

Papiers d'État et de l'Audience : patentes et commis-
sions, liasse 1168.

II

Ordonnance pour Salomon de Caulx, franchois.

Audiencier, nous avons retenu et retenons, par cestes, en notre service
Salomon de Caulx, franchois, pour nous servir, en qualité de ingeniaire, à
la fontaine artificiele en notre court et toute aultre chose que luy seront
de par nous commandé au faict de sa vocation, selon les articles par luy à
nous exhibez et signez, reposans en noz Finances, aux gaiges de soixante
quinze livres de quarante groz par mois, et en estre payé par les mains du
recepveur general des finances, Christophe Godin, présent ou aultre advenir, doiz ce jourd'hui en avant tant quel nous plaira. Vous ordonnons luy
en depescher lettres patentes de commission pertinentes. Faict à Bruxelles,
le vingt ungiesme jour de janvier seize cens cincq.

ALBERT, ETC.

Papiers d'État et de l'Audience : ordonnances sur
requêtes, liasse 1265.

III

(1606) 19 martio. Affidati :

    Salomon de Chaus,

    Hester Picart.

·Conjugati, 10 aprilis.

Registre aux mariages de la paroisse de Saint-Géry,
de 1603 à 1625, fol. 14 v°.

IV

Don de 200 flor. pour l'ingeniaire Salomon de Caus.

Albert et Isabel, etc. A nos très-chiers et feaulx les chiefz, trésorier général et commis de noz domaines et finances, salut et dilection. Nous, eu sur ce vostre advis, voulons et vous mandons, par ces présentes, que èscomptes que notre amé et féal conseiller et receveur général de nosdites finances, Christophe Godin, rendra par devant noz amez et feaulx, les président et gens de noz comptes à Lille, vous consentez et faictes passer et allouer en la despence et rabattre des deniers de sa recepte, la somme de deux cens livres du pris de quarante groz de nostre monnoye de Flandres la livre, une fois, pour semblable somme qu'avons donné et accordé, donnons et accordons de grâce especialle, en adjuda de costa, par ces présentes, à Salomon Caus, nostre ingeniaire, naguaires marié par nostre consentement, et en oultre et par-dessus ses gaiges, traictement et aultres bienfaictz qu'il a de nous ; ausquelz de noz comptes à Lille, mandons semblablement aussi les faire, en rapportant par nostre diť receveur général des finances, avecq ces mesmes originelles, quictance pertinente sur ce servante tant seulement, car ainsi nous plaict-il ; nonobstant que ces présentes ne sont signées de nostre audiencier et premier secrétaire, seul signant en noz finances, estant présentement absent pour nostre service, et les ordonnances répugnantes, ausquelles avons, pour ceste fois et à l'effect que dessus, derogué et deroguons par ces dites présentes ; nonobstant aussi quelzconcques aultres ordonnances, restrinctions, mandemens ou deffenses à ces contraires. Donné en nostre ville de Bruxelles, le vingtiesme jour de juing l'an de grâce mil six cens et six.

Papiers d'État et de l'Audience : patentes et commissions, liasse n° 1170.

V

Audiencier, nous avons, par adviz de ceulx de noz finances, donné et accordé, donnons et accordons par cestes à Salomon de Caus, notre ingéniaire, naguaires marié par notre consentement, la somme de deux cens livres, de quarante groz notre monnoye de Flandres la livre, d'ajuda de costa une fois, oultre et par dessus ses gaiges, traictement et aultres bienfaitz qu'il a de nous, à en estre payé par les mains du receveur général de nos dites finances Christophe Godin. Vous ordonnons en depescher lettres patentes pertinentes. Faict à Bruxelles, le XX de juing seize cens six.

ALBERT, etc.

Papiers d'État et de l'Audience : ordonnances sur requêtes, liasse 1268.

VI

(1607) 24 februar. Baptizatus est Gulielmus, filius Salomonis de Caux et Hesteræ Pickart. — Susceperunt D. Bertinus (?) Oudat Spinola, Baro D. Andræ et D^{lla} Barbara Basselier.

Registre aux naissances de la paroisse de Sainte-Gudule, de 1605 à 1608, fol. 93 v°.

VII

A Salomon de Caulx, ingéniaire des archiducqz, la somme de quatre cens cinquante livres dudit prix, comptant, en diverses espèces d'or et d'argent ayans cours ès pays de pardeça, selon la permission de leurs Altezes, pour semblable somme luy deue à cause de soixante-quinze livres que leur Altezes, par leur lettres patentes données en la ville de Bruxelles le vingt ungiesme jour de janvier seize cens cincq, luy ont ordonné et accordé de gaiges par mois, à raison de sondit estat d'ingéniaire, et pour, en icelle qualité, leur servir à la fontaine artificielle en leur court audict Bruxelles, et en touttes aultres choses que luy seront de par leurdittes

Altezes au faict de sa vacation ordonnez, selon les articles par luy signez et exhibez à icelles, reposans esdites finances, à en estre payé par les mains dudit receveur général des finances Christophe Godin, présent ou aultre advenir; et ce, pour les six premiers mois desdits gaiges, commencez le quatorziesme de febvrier seize cens cincq, jour qu'il at presté le serment pertinent dudit office d'ingéniaire, et finiz le treiziesme d'aougst en suivant audict an, par ordonnance de leurs altezes et quictance y servante, veriffiée et datée du dernier jour d'octobre seize cens cincq, ladite somme de . . . . IIIIe L liv.

Par quictance du VIIe d'apvril 1606, pour les six mois finiz le XIIIe de febvrier 1606. . . . . IIIIe L l.

Par quictance du premier d'octobre 1606, pour les six mois finiz le XIIIe d'aougst 1606. . . . . IIIIe L l.

Par quictance du XXIVe jour de may 1607, pour les six mois finiz le XIIIe de febvrier 1607. . . . . IIIIe L l.

Par quictance du . . . de 1607, pour les six mois finiz le XIIIe d'aougst 1607. IIIIe L l.

Par quictance du. . . . de may 1608, pour les six mois finiz le XIIIe de febvrier 1608 . . . . IIIIe L l.

Par quictance du. . . . de. . . 1608, pour les six mois finiz le XIIIe d'aougst 1608 . . . . IIIIe L l.

Par quictance de Salomon de Caulx, du XXIIIe de septembre 1609, pour demye année de ses gages finie le XIIIe de febvrier 1609. . . . . IIIIe L l.

Par quictance du. . . . . 1610, pour demie année de gages finie le XIIIe d'aougst XVIe noeuf . . . . . . IIIIe L l.

Par quictance du . . . . pour demie année de gaiges finie le XIIIe de febvrier 1610. . . . . IIIIe L l. (¹).

A Salomon de Caulx, ingeniaire de Leurs Altezes, la somme de IIII^{e}L libvres dudit prix.... et ce pour six mois desdits gaiges commencé le quatorzieme de febvrier seize cens dix et finie le XIIIe d'aougst enssuivant.

Registre aux gages et pensions, n° 45872 de la Chambre des comptes, fol. 366.

<hr>

VIII

A Leurs Altezes Serenissimes.

Remonstre en deue reverence Gerard Philippi comme il y at deux ans qu'il sert à Vostre Alteze serenissime, en qualité d'ayude de Salomon de

---

(¹) Ici finit le registre aux gages, avec cette mention : « *vide* en l'aultre registre fol. 294. » La mention du payement suivant nous a été envoyée par M. Le Glay, d'après le compte 33e de Christophe Godin, fol. LIIIe XVIII.

Caus, leur ingeniaire jadis de Vostre dicte Alteze, pour, en son absence, gouverner et diriger les grottes et fontaines en leur parcq de Bruxelles, et là où il plairoit à Leurs Altezes de luy commander, et ce avec quinze solz de traictement, seulement pendant lequel temps il s'auroit (comme il espère) acquité de son debvoir, et mesmement achevé, redressé et augmenté de plusieurs mouvements lesdictes grottes et fontaines, lesquelles ledict Salomon de Caux, à son partement à Angleterre, avoit laissé rompues et imparfaites ; sans toutefois avoir volu importuner à Vostre Alteze Serenissime pour augmentation de gaiges, jusques à ce que, en ce que dessus, il auroit faict paroistre à icelles son esprit et capacité, et comme se trouvant engaigé de beaucoup, ne se pouvant plus maintenir avecq si peu de traictement, supplie très-humblement qu'icelles soyent servies ordonner au suppliant estres données mesmes gaiges et traictement comme tenoit son dict predecesseur, avecq mesmes tiltre et preéminences et franchises, et qu'il soyt declaré maistre absolut en son office. Quoy faisant, priera le Créateur pour la prosperité de V. Alteze Serenissime.

— Leurs Altezes serenissimes, ayans oy rapport du contenu en ceste requeste et consideré les raisons y allegués, ont, par advis de ceulx de leurs finances, commis, ordonné et retenu, commettent, ordonnent et retiennent par cestes le suppliant à l'estat et office d'ingeniaire de leurs dictes Altezes, pour, en icelle qualité, leur servir à la direction des ouvrages de la grotte et fontaine artificielle de la cour, et en toutes autres choses que lui seront commandées de par leursdictes Altezes, aux gaiges de huict cens livres, du prix de quarante gros la livre, par an, etc. Fait à Bruxelles, le premier de febvrier seize cent douze.

ALBERT, etc.

Extrait du t. Ier de la Revue d'Histoire et d'Archéologie.

Monseigneur vous tenu en sa guarde
de Bruselles Ce semedy 3 de juillet 1610
vostre Serviteur a Jemeis
Salomon de Caus

als mijn heer sal gelegen Uorß in bevomanden in offrouwen ulyt
tot dienst naerbovnogen in groenrhaft adi 5 April 1606 in Amursal

Jean Brueghel

Van den velden. Fl.

VII

Aux officiers des licentes d'Anvers.

Les Archiducqz, etc.

Chers et bien amez. Nous vous ordonnons de, à la réquisition du peinctre Hans Breugel, laisser passer vers Zélande six piecettes de peintures exemptes de tout droict de licentes. Chers et bien amez, Nostre Seigneur vous ait en sa continuele garde. De Bruxelles, le xxvii⁰ may 1606.

Audience : correspondance, liasse 419.

VIII

A ceux du magistrat d'Anvers.

Les Archiducqz,

Chers et bien amez. Jehan Van Breughel, peinctre et bourgeois de nostre ville d'Anvers, nous a représenté qu'il est continuelement occupé en ouvraiges de nostre service, auquel il scroit parfois distraict à cause de la garde et aultres services de ladicte ville, nous suppliant qu'il nous pleut l'en excuser. Nous sommes occasionnez de vous dire, par ceste, que, pour ladicte occupation et la requisition que nous en a esté faicte, nous aurons pour service aggréable que l'en teniez à l'advenir pour excusé. Et Dieu vous ait, chers et bien amez, en sa continuele garde. A Bruxelles, le xxvii⁰ juillet 1609.

Audience : correspondance, liasse 445.

IX

A ceulx d'Anvers.

Les Archiducqz, etc.

Chers et bien amez. Pour les bons services que nous faict le peinctre Breugel, nous desirons qu'il jouisse de l'exemption de logemens, ensemble de guet et garde, dont vous advertissons pour selon ce vous reigler. A tant, etc. A Mariemont, le xxv octobre (1609).

Audience : correspondance, liasse 447.

———

X

A LEURS ALTEZES SERENISSIMES,

Remonstre en toute humilité Jean Breughel, peintre et bourgeois en la ville d'Anvers, que, comme il vient journellement en ceste ville de Bruxelles par commandement et service de V. A. Ser^mes, comme il espère continuer toutes les jours de sa vie, et pour ce faire et continuer tant mieulx comme le service de V. A. Ser^mes requiert, supplie bien humblement qu'icelles soyent servyes luy accepter pour leur peintre domestique, et luy donner, de grâce espéciale, la mème liberté des gardes et tonlieux comme aux aultres peintres et serviteurs domestiques de V. A. Ser^mes, et sur celuy faire depescher acte *in forma*. Quoy faisant, etc.

En marge : Depechée le x mars 1610.

Audience : correspondance, liasse 451.

———

XI

LES ARCHIDUCQZ, etc.

Comme ainsi soit que nous tenons Jehan Breughel, peinctre et bourgeois d'Anvers, quelquefois occupé en ouvrages de nostre service, mesmes en ceste ville et hors de son mesnage et résidence ordinaire, nous avons audict Breughel accordé et accordons affranchissement du guet et garde, ensemble exemption des accises et maltotes. Ordonnons à ceulx du magistrat de nostre dicte ville d'Anvers et à tous aultres qu'il appertiendra de selon ce eulx reigler sans difficulté. Faict à Bruxelles, le xiiie mars 1610.

Audience : correspondance, liasse 451.

———

XII

A Son Alteze.

MONSEIGNEUR,

Le peintre Jehan Breughel nous at exhibé certain acte du 13 du mois passé, par lequel il a pleu a V. A. S. luy accorder franchise et exemption des assises et maltotes, avec ordre de selon ce nous reigler. Sur quoy V. A. sera servie d'entendre que combien que nous ne désirons rien davantage que de punctuellement obéir aux ordres et commandements de V. A., comme nostre devoir nous y oblige, si est-ce que nous la supplions très-humblement de nous en excuser pour ce regard, tant pour le peu de fondement d'icelle prétension que pour la mauvaise conséquence.... là où toutefois du passé l'on at esté se retenir et à demander et à donner telles immunitez que ny mesme ce grand personnage, et tant renommé cosmographe, Ortélius, ny ce célèbre imprimeur, Plantin, en ayent oncques jouy, encore qu'ilz fussent, et de nom et de faict, au service du prince. Pour ces raisons si pregnantes et péremptoires, supplions en toute humilité qu'il plaise à V. A. ne contraindre ceste sienne ville à s'eslarger davantage en l'exemption de ses assises et maltotes, et accepter de bonne part ses excuses au regard de Jehan Breughel et aultres à l'advenir ; d'aultant plus que naguères ce privilége ayt esté ottroyé à Pierre Paul Rubens en qualité de peintre de l'hostel de V. A., et auparavant à Octavio Venio, aussi peintre, à cause de son entretenement au château de ceste ville, dont espérons que V. A. se contentera. Luy baisons très-humblement les mains, et prions le Créateur, monseigneur, de prospérer les haultes enprinses de V. A. S. et la conserver en santé et très-longue vie. D'Anvers, ce 17 apvril 1610.

De V. A. S. très-humbles et très-obéissans serviteurs et subjects, bourg-mestre, eschevins et conseil de la ville d'Anvers,

VANDERMESEN.

Audience : correspondance, liasse 451.

XIII

A ceulx d'Anvers (¹).

MESSIEURS,

De Brueghel, peinctre de nostre ville, est venu me dire que la lettre de Son Altesse n'auroit produict l'effect qu'il s'avoit promiz, non pas à faulte de favorable volonté de vostre part, mais par doubte que la grâce qu'il se espère de vous ne soit tirée en conséquence. Je ne puis rien promectre d'un faict dépendant de la volonté de nostre maistre, mais je vous asseureray bien que, quant il m'ordonnera à l'advenir de vous escrire lettre semblable à celle que vous a apporté ledict de Brueghel, je lui ramentevray volontiers la conséquence et préjudice que présentent telles lettres, encore que d'ailleurs me suis donné de garde que Son Alteze ne les accorde pas volontiers. Si ceste considération vous pouvoit mouvoir à favoriser ledict de Brueghel, il vous en recognetreroit une obligation perpétuelle, en laquel aura part,

Messieurs, etc.

A Bruxelles, le 4 juing 1610.

Audience : correspondance, liasse 452.

XIV

Au secrétaire Pratz (²).

MONSIEUR,

Vous supplie de tenir pour recommandé vers S. A., affin qu'icelle plaira ordonner et depescher ceste acte de nouveau et y insérer le mot d'*imposition*, selon qu'est icy remarqué à la marge (³).

Vostre très-affectionné serviteur,

JEAN BRUEGHEL.

Autographe. Audience : correspondance, liasse 472.

(¹) Minute du secrétaire Pratz ou Dellafaille.

(²) A cette lettre est jointe copie de l'ordonnance des archiducs du 13 mars 1610, que nous avons rapportée plus haut, et dont Breughel, comme on le voit, demande le renouvellement. La copie et la lettre sont de la main du peintre.

(³) Le mot *impositions* est en effet écrit à la marge de la copie de l'ordonnance,

XV

Les Archiducqz, etc. ([1]),

Comme ainsi soit que nous tenons Jehan Breughel, painctre et bourgeois de nostre ville d'Anvers, quelques fois occupé en ouvrages de nostre service, mesmes en ceste ville et hors de son mesnage et residence ordinaire, nous avons audict Breughel accordé et accordons affranchissement de guet et garde, ensemble exemption des impositions, accises et maltoltes, ordonnans à ceulx du Magistrat de nostre dicte ville d'Anvers, et à tous aultres qu'il appertiendra, de se reigler selon ce, sans difficulté.

Faict à Bruxelles, soubz nostre nom et cachet, le xviiie jour d'aoust, l'an xvie treize.

Audience : correspondance, liasse 472.

XVI

Au trésorier général ([2]).

Monsieur,

Le sieur Monfort a charge de vous aller trouver et délivrer une spécification de certaines peinctures que le peintre Breughel a vendu au roy de Poloigne ([3]), afin que, l'ayant veue, vous donniez incontinent ordre à ceulx des licentes en Anvers et aultres qu'il appertiendra de les laisser passer librement et sans en exiger aulcuns droitz, pour estre telle l'intention de

---

après les mots *guet et garde*. On verra par l'ordonnance suivante que les archiducs prirent cette demande en considération.

([1]) M. Pinchart, dans ses *Archives des sciences, des arts*, etc. (*Messager des sciences*, etc., de Gand, 1854, p. 379), cite la présente exemption accordée à notre peintre.

([2]) Cette lettre est du secrétaire des archiducs.

([3]) Le roi de Pologne, Sigismond, acheta plus d'une fois en Belgique des tableaux et objets d'art. Nous trouvons en 1621 un nouvel achat de ce genre. M. Pinchart, dans le *Messager des sciences*, etc., de Gand, 1859, p. 311.

S. A. et me l'avoir icelle ainsi commandé. Et sur ce je vous baise les mains et demeure,

Monsieur, etc.

A Mariemont, le 18 de septembre 1619.

Audience : correspondance, liasse 508.

XVII

A ceulx de la chambre des comptes (¹).

Messieurs,

Comme l'on a fait quelques despens au transport de deux personnes, scavoir, de George Ten Damin et de Marguerite Breugels de ce lieu à Vilvorde, par ordre de S. A., icelle m'a commandé de vous dire que les passiez aux comptes du Magistrat de Vilvorde, si avant que vous jugerez que tous les articles de la spécification ci-joincte, exhibée par lesdits mayeurs, sont à passer. Saluant, etc.

A Tervueren, le 5 décembre 1619.

Audience : correspondance, liasse 509.

Nouveaux documents concernant Salomon de Caulx.

I

Monseigneur,

En suite de la lettre de Vostre Alteze du 26ᵉ de ce moys, j'ay de rechief consulté le faict de la nouvelle réserve d'eau avecq l'architecte de Cobbergher, Salomon des Caulx, le contrôleur, et Bacquere, lesquels, aprez nouvelle inspection du lieu, sont touts d'accord qu'il convient au plustost faire la dicte réserve selon le desseing allant cy joinct, sur le pied et conditions y apposées. Elle sera de cinq cents ames d'eau, veoires disent

---

(¹) Cette lettre est du secrétaire des archiducs.

touts qu'il y a moyen de la faire de 600 ames au choix de Vostre Alteze, dont il luy plaira nous faire advertir, affin que puissions nous conformer à sa volonté. Selon ce desseing, on ne touchera pas au puits à neige, mais il demeurera comme il est ; aussy asseurent-ilz touts que ladicte réserve servira bien et commodieusement à donner de l'eau au plus hault de la grotte, par où sera pourveu aulx deulx inconvénients dont Votre Alteze semble se doubter. J'ay communiqué le tout en Finances et le contract sur ce conceu, par lequel est stipulé particulièrement que, si Vostre Alteze ordonne que ladicte réserve soit de 600 ames d'eau, Salomon sera tenu la faire ainsi, en luy payant à raison d'ung philippe pour chasque ame. Aussi est-il obligé de la rendre parfaicte et achevée dans le temps de six sepmaines précisement, soubs l'amende de six florins pour chasque jour qu'on y travaillera d'avantage.

Au demeurant, nous n'avons sceu induire ledict Salomon, contractant avecq luy de la nouvelle réserve, qu'il voulut prendre à sa charge, quant et quant, de faire les canalx nécessaires pour fournir de l'eau à la petite grotte qu'est prez de la galerie, mais est content d'en faire ung contract à part, et demande, pour lesdicts canalx et pour des autres, requiz pour conduire et mener ladicte eau de la nouvelle réserve au jardin à eau, en la fueillie, tout ensemble six cents florins, aulx conditions, en la forme et sur le pied reprins et contenu au contract, allant aussi quant et cestes que de mesmes a esté veu en Finances. J'ay tasché de le mener à cincq cents florins, mais pour néant. Cobbergher et Bachere ont prins la mesure des buses et canalx et en faict estimation, selon laquelle leurs advis porte qu'il n'y gaignera pas beaucoup, et qu'on luy poulroit donner les 550 fl. ou bien les 600 qu'il demande. Nous n'avons rien arresté avecq luy et ne passerons plus avant jusques à scavoir la bonne volonté de Votre Alteze, dont je la supplie en toute humilité de me faire advertir.

Ledict Salomon se plainct du tardif payement de ses gages ordinaires d'ung philippe par jour, dont il dict luy estre deu ung demy an escheu le 12e de febvrier passé.

Ledict desseing de la nouvelle réserve d'eau marque aussi les conduicts à faire pour mener l'eau à la petite grot et à la fueillie. A tant, monseigneur, je baise en toute humilité les mains de Vostre Alteze et prie Dieu de luy octroyer en parfaite santé, etc.

Jules de Ayala.

En marge : du 1er juillet 1610.

Audience : correspondance, liasse 463.

II

Au commis d'Ayala.

Les Archiducqz, etc.

Cher et féal. Respondans à la vostre du jour d'hier traictant de la nouvelle réserve d'eau, vous dirons que, puisqu'au jugement de ceulx avecq lesquelz vous en avez conféré, dénommez en la dicte vostre, elle se peut faire de 600 ames au pris qu'escrivez, nostre volonté est qu'ainsy il se face, ayans volontiers entendu qu'il se pourra faire sans toucher au puitz à neige, et que les susdicts asseurent que ladicte réserve servira pour donner commodement de l'eaue au plus hault de la grotte, joinct que, par mesme moyen, sera aussi pourveu aux deux inconveniens touchez en nostre précedente. Et quant aux canaulx nécessaires d'estre faictz pour furnir de l'eau à la petite grotte, vous en pourrez faire un contract à part, le plus proufitablement que faire pourrez, sur la forme et pied que nous en avez communiqué, et lequel nous vous renvoyons avecq ceste. Reste à vous encharger que teniez la main vers nostre trésorier général qu'il porte soing que à faulte d'argent l'ouvrage de ladicte réserve ne demeure aulcunement retardé, ains se parface en dedans les six sepmaines pourparlées avecq l'ingénieur Salomon. A tant, etc. A Mariemont, le 2 de juillet 1610.

III

Monsieur (¹),

Je viens de recepvoir la lettre de son alteze du 2 de ce mois; ce que j'y puis dire, c'est que je me reiglerai selon son commandement, comme de raison. Cependant je ne suis assez esclairci si Son Alteze entend qu'on face ung contract à part pour les canalx nécessaires pour fournir de l'eau à la petite grotte seulement, et non pas pour fournir de l'eau de mesmes à la

---

(¹) Cette lettre est adressée au secrétaire des archiducs.

fueillie, comme contient le project que j'ay envoyé, et Son Alteze me renvoye. Esclaircissez m'en, s'il vous plaict, par le premier, etc.

Vostre bien humble serviteur,
Ph. de Ayala.

Du bureau des finances, le 3e de juillet 1610.

Audience : correspondance, liasse 453.

IV

Monsieur,

Estant de retour de Marimont mardy dernier, je fus le lendemain matin à la grote, où j'ai trouvé tout le pavement, qui avoit esté fait quatre ou cinq jours auparavant, rompu et gasté. Je me suis informé qui avoit fait ce dommage : l'on m'a dit qu'il estoit entré trois troupes de gens dans le jardin de ladit grote, que Hubert, aide de Gilles de Rey, avoit laissé entrer, lesquels ont rompu la porte de la palisade que j'avois fait mettre quand Son Altesse se partit d'ycy ; et ne se contentèrent de rompre ladite porte, ils rompirent encores une autre portelette pour faire courir l'eau. J'ay demandé à Hubert comme cela estoit advenu, il m'a dit que ça esté le prince de Condé, qui amena le jour de la feste saint Pierre la princesse d'Orenge, et que, sy rompent tout, qui n'en peut respondre. Si j'eusse esté adverty, j'estois déjà revenu de Marimont, je eusse montré le tout sans dommage. Il viend tous les jours tant de gens, et, quand il est jour de feste, que les ouvriers n'y sont ou qu'il n'y a personne, les gens montent du jardin au-dessus de ladite grote qui n'est haute que de 4 pieds, qu'il est nécessaire que Son Altesse y donne ordre, et que l'on commande à ceux qui ont la clef du jardin où est ladite grote de ne laisser entrer personne, sans premièrement que je sois adverty, pour empescher qu'ils ne rompent ledit pavement qui est bien advancé. Mais il est, de présent, retardé d'achever, pour l'occasion de monsieur le trésorier général, lequel j'ay prié, il y a viron (sic) trois mois, de me payer un an de mes gages qui estoyent escheus le 12 de febvrier dernier. Il me fit reponce que la grote n'estoit point achevée encores et qu'il ne me pouvoit donner mes gages, sans luy donner respondant de mille florins d'achever ladite grote, ce que j'ay fait, et alors il me donna une demye année, me promettant de me donner le reste un peu après ; et comme j'en ay grand besoing pour les grans frais que j'ay fait en icelle grote, je luy ay

demandé par plusieurs fois; mais je perds mon temps, et luy ay dit, comme
c'est la vérité, que je suis contraint de donner ce jourd'huy congé à tous
mes ouvriers, jusques alors que je seray payé de ladite demye année de
gages. Je croy que Son Altesse entend que je sois payé : s'il plaist à Vostre
Seigneurye de savoir la volonté de Sadicte Altesse, je lui seray beaucoup
obligé. Quant à la nouvelle réserve, incontinent que le contrat sera achevé
je la commenceray. Faisant fin, je prie Dieu, Monseigneur, vous tenir en
sa guarde.

De Bruxelles, le samedy 3ᵉ de juillet 1610.

Vostre serviteur à jamais,
SALOMON DE CAUS.

Suscription : A monsieur Prats secrétaire de Leurs Altesses Sérénis-
simes, à Marimont.

Autographe. Audience : correspondance, liasse 453.

V

A monsieur le commis de Ayala [1].

MONSIEUR,

Respondant à la vostre du jour d'hier, traictant du faict de l'ingénieur
Salomon, vous diray qu'en ayant donné compte à S. A., elle m'a commandé
vous respondre sa volonté estre que faciez avecq luy un contract à part
sur ce des canaulx nécessaires pour fournir de l'eaue à la petite grotte, et
de mesmes à la foeuillie, en conformité du project qui vous a esté renvoyé.
Et par ce que, au contract que messieurs des finances ont arresté avecq
ledict ingénieur touchant la nouvelle réserve, n'est pourveu que l'on ait
quelque recouvrement sur luy s'il n'achève deuement son ouvrage, ou qu'il
le faict en sorte que par sa faulte il vienne à manquer, l'intention de
S. A. est que soit faict un nouveau accord avecq ledict Salomon, par lequel
soit dit expressément que l'on tiendra 2 ou 300 florins, sur l'entier pris
de l'accord, jusques à ce que par personnes s'y entendans sera (endedens
le terme à préfixer) dict qu'il aura louablement parachevé son ouvrage, ou

---

[1] Cette lettre est du secrétaire Pratz.

que du moins il donne caution rescante et souffisante pour l'équivalent de ladicte somme ; ce que vous serve d'advis, encore que je vous renvoye le contract jà signé de S. A.

Et je prie Dieu, monsieur, etc.,

A Mariemont, le 4 juin 1610.

Audience : correspondance, liasse 453.

Nombre des feux du comté de Haynnault (1612).

En la prévosté de Mons, il y a	vm xij	feux.
Id. Valenciennes	xvjc iiijxx xix	»
En la chastellenie de Bouchain.	ijm vc xx	»
En la prévosté du Quesnoy.	xjc xxiiij	»
Id. Bavay.	vijc xiiij	»
Id. Mabeuge.	ijm iijc lxij	»
Terre d'Asvenes	xjc xxiiij	»
Comté de Beaumont.	vc xxxiiij	»
Principaulté de Chimay	viijc	»
Prévosté de Binche	xvjc lxxv	»
Chatellenie de Braine	viijc xxvij	»
Id. d'Ath	viijm xliij	»
Terre d'Enghien.	ijm cxxix	»
Baillage de Flobecq et Lessines	vijc lix	»
Total desdicts feux.	xxixm iijc xxij.	

Audience : correspondance, liasse 465.

Loi accordée au village de Douchi (1447).

Sachent tout chil qui cest escript verront ou orront, que, come en le ville de Douchi, de le justice et seignorie de révérend, vénérables et discrez monsieur l'abbet, religieux et couvent de l'église de Saint-Pierre lez Gand, il n'euwist par chi devant nulle fondation ne ordonnance faicte ne rieu-

lée (¹) souffisamment pour ataindre ne avoir, sour les fourfaiteurs en celi justice, loix ne amendes, dont plusieurs dommages et inconvéniens se pooient
ensievir (²) contre l'onneur de justice et au préjudice du bien commun :
pour laquelle cose remédiier, lesdits monsieur l'abbet et couvent eussent fait
remonstrer par Jehan de Beaulieu, à ce jour bailliu de ce dit lieu, souffisamment commis de par eulx, à leur maieur, eskevins et communaulté de
ledicte seignourie, plusieurs ordonnanches qui leur sambloient estre rai-
sonnables pour le bien de leur dicte justice et communaulté, affin que sur
ycelles on se peuyst en avant riculer et cascun warder en raison, et ossi
que cil mesfroient (³) peuwissent clerement savoir le montance de leur mef-
fait ; sur quoy le dit mayres, eskevins et le plus grant partie de le communaulté de le dicte justice, après ce que les dictes ordonnances ilz eurent
veues, bien entendues et diliganment visitées, les aient plainement concé-
dées et accordées avoec leur dit seigneur ; et pourtant ledit Jehan de Beaulieu, comme bailliu de ladicte seignourie, s'est clamez souffisamment, ou
nom de son dit seigneur, église et couvent, par devant lesdit maires et
eskevins de celi justice, et requis en avoir loy, tendans à fin que lesdictes
ordonnanches fussent et soient mises et fourmées en chartre vaillable,
pour quoy en avant on peuwist user et jugier en ladicte justice selon le
contenu d'icelle chartre, et comme de loy et coustume souffissaument
fondée : Dont ledit maieur conjura lesdits eskevins, par le serment quil
devoient à Dieu et à leur dit seigneur, quil en désissent loy, et ce que
faire en avoit se sage en estoient ; lequelz eskevins, yaulx conseilliet (⁴),
disent et respondirent audit maieur qu'ils nen estoient point sage ne d'accord de en dire loy sans en avoir conseil de leur quief lieu et resort, les
seigneurs de le Halle de Valenchiennes. Si les y mena ledis mayres au
prochain juedi ensievant, et yaulx la venus, et après avoir dit et remons-
tret justement la manière dudit claing (⁵) et requeste et tout chou que y
pooit servir et appartenir, ilz furent par lesdis seigneurs de le Halle ren-
voyet, pour yaulx sur ce conseillier. Et depuis ilz furent remandet et leur
fu dit et kerquiet (⁶) par loi, par jugement et par enqueste de honorable
homme Nicolas dou Gardin, adont prévost de la ville de Valenchienes,
et de tant de ses pers en l'eskevinage que loys porte, après (qu'il) avoit

---

(¹) Réglée.
(²) Ensuivre.
(³) Ceux qui méferaient.
(⁴) Ayant délibéré.
(⁵) Demande.
(⁶) Chargé.

diliganment visitet et conseilliet par pluseurs journées lesdictes ordenanches, que tout bien veu et consideret, il, li dit eskevin de Douley en celi justice de Saint-Piere, pooient et devoient en avant bien jugier et dire loy, toutes fois que ordonncement requis en seroient, ainsi et par le manière que cy après en ceste présente tsaertre (¹) est contenut et deviset.

Premiers, que pour chacun claing que on fera en ledicte justice de Saint-Piere, on devra au seigneur, ou à sen maieur pour luy, iij s. blans.

Item, quicunques fera faulx claing, il sera, au seigneur, à xiiij s. blans.

Item, quiconques frappera de paume ou de poing clos, sans sanc (²), il sera à xx s. blans.

Item, quiconques frappera de baston sans fier (³), il sera à xl s. blans; et s'il y a sanc, il sera à lx s. blans.

Item, quiconques lanche ou fiert (⁴) d'arme esmoulue sur ou après aultruy, il soit à xl s. blans; et se sanc y a, il soit à lx s. blans.

Item, quicunques mettra main sur aultruy par ire faicte sans queure (⁵), il sera à v s. blans; et s'il y a queure, il soit à x s. blans; et s'il y a sanc, il soit à xx s. blans.

Item, de ruer pot, mesure, arme esmouluc, baston ou aultre cose après aultruy, s'il ataint, il soit à xl s. blans; et s'il ne l'ataint point, il soit à xx s. blans; et s'il le navre (⁶), il soit à lx s. blans.

Item, se aulcuns plaident devant eskevins et li une des parties vilonne de paroles l'autre présent loy, partie villenant soit à xx s. blans.

Item, quicunques dire laidure ou villonye à aultruy, il sera à v s. blans.

Item, quiconques enfraindera le saisine du seigneur faicte par les sergens ou l'un d'eulx ou ses aultres officiers, il sera à lx s. blans.

Item, quiconques ahanera ou fovera (⁷) plus priès et au mains (⁸) de ung piet de cascune bonne (⁹) qui sera apparans par dehors terre, il sera à v s. blans.

Item, quiconques sera trouvez jeuans à dez par jour, il sera à v s. blans,

---

(¹) Charte.
(²) Sans effusion de sang.
(³) Sans fer.
(⁴) S'élance ou frappe.
(⁵) Sans préméditation.
(⁶) Blesse.
(⁷) Labourera ou fouira.
(⁸) A moins.
(⁹) Borne.

et li hostes, ou cas qu'il ne le noncheroit à justice, à v s. blans ; et par nuyt, à x s. blans.

Item, quiconques yra au courtil d'aultruy et trouvez y soit dommage faisant par jour, il sera à v s. blans ; et par nuyt, à x s. blans.

Item, quiconques seroit trouvet coppant bois ou soyant herbe sur hyretaige d'aultruy par jour, il soit à iij s. blans ; et par nuyt, à vj s. blans.

Item, quiconques sera trouvez faisant dammage sur les bléz ou sur les mars, en queillant (¹) l'erbe devant le bam, il sera à iij s. blans, et toudis (²) le dammage rendre.

Item, quiconques enprendra sur les wareskaix (³) sans le congiet du seigneur, il sera à xiiij s. blans.

Item, les bestes prises en damage d'aultruy, par jour, de cascune maison et hostel, soient à iij s blans, moyennant qu'il en y ait v au plus, et de mains, à xij deniers tourn. de loix ; et par nuyt, le double de dessus. Et le dammage rendre, si que dit est.

Item, quiconques sera raporté en deffaulte de tierage, il sera à lx blans et le tierage restituer.

Item, quiconques vouldra vendre vin ou servoise en ladicte justice, il ne puist chou faire sans afforer (⁴), ou le grâce dou seigneur, sur xx s. blans; et se li denrée est afforée et li vendeur n'en voeillent délivrer pour otant que afforée sera, il soient cascun jugiet, et à cascune fois qu'il eskeroit, à lx s. blans.

Item, doit li sires avoir pour l'assise de cascune keue (⁵), ij los de vin ; et du tonnel de chervoise venant dehors, j lot ; et du brassin de dedens, iiij los. Et li eskievin, pour li afforer, ung lot de vin au vin, et à le chervoise j lot.

Item, que cascun boulengiers, bouchiers, taverniers, cabarteurs ne hostelains, ne puissent vendre nulle denrée de pain ne de char qu'elle ne soit bonne et souffissans. Et se elle estoit trouvée aultre par l'eswart (⁶), cascuns à qui ce seroit soit à x s. blans de lois, et le denrée acquise au seigneur,

---

(¹) Cueillant.
(²) Toujours.
(³) Terrains vagues au bord des chemins.
(⁴) Payer le droit établi sur les boissons.
(⁵) Queue de vin.
(⁶) L'inspection.

sauf que le char trouvée soursamée (¹) on pora bien vendre sans fraude d'entre le four et non ailleurs (²), à l'usage accoustumet.

Item, que toutes mesures, poix et balanches soient de la ghauge (³) de Valenchiennes, sur xiiij s. blans de loix ; et les mesures, poix ou balanches au contraire, rompre et brisier devant leur huis.

Item, quiconques sera trouvez faisant dammage sur les champs le mois d'aougst, fust homme ou femme, cascun soit, par jour, à iij s. blans, et par nuyt à xiiij s. blans, et le dammage rendre à cascune fois. Et ung car ou carette (⁴), par nuyt, à lx s. blans.

Et quiconque wideroit de le ville ou des camps ou car ou carette devant le ban ou aprez le ban hors heure, il soit à xx s. blans et le damage rendre.

Item, que nulz manans en la dicte justice ne puist aler mievre (⁵) ailleurs que au molin du seigneur, ne cuire leur pain fors au four du seigneur, se n'est par deffaulte du molin ou dou monnier, et aussi par le deffaute du fournier, sur xx s. blans et le bled ou pain acquis au seigneur.

Item, mais tous subgés et manans en la dicte justice et seignourie de Saint-Piere poent et poront bien avoir four en leurs hiretaiges et demeures, pour cuire flans, tartes et toutes pastizeries telz que bon leur semblera, exceptet les jours de ataulx acoustumez.

Item, que nuls monniers quelz quil soit ne puist prendre moture fors bas ; et se trouvez estoit quil presit bled hault, il seroit à v s. blans, et le mouture acquise au seigneur au dammage de monnier.

Item, au regard du mois d'aougst, nul forain de dehors la parroiche ne puissent mener ne cachier (⁶) leurs bestes pasturer sur les esteulles (⁷) dou tieroir de Saint-Piere, sur v s. blans.

Item, que pour le commun pourfit des manans de le dicte justice, li maires, ou nom dou seigneur, face faire, cascun an, à l'entrée de march (⁸) et en plaine église, le ban que cascun soit bien renclois à l'encoutre des wareskaix et ait cascun relevet, à lendroit de lui et de sen hiretaige, tous cours d'iauwes et tous fossez qui sont accoustumez de relever ; c'est assavoir, tous cours d'iauwes et tous fossés à l'entrée de may et clossures à

(¹) Gâtée.
(²) Nous ignorons le sens de cette locution.
(³) Jauge.
(⁴) Et si c'est avec un chariot ou une charrette.
(⁵) Moudre.
(⁶) Chasser devant eux.
(⁷) Ce qui reste de chaume sur la terre, lorsque le blé est coupé.
(⁸) Du mois de mars.

l'issue de march, par quoy nulles bestes voisent (¹) de prez au prez ne en courtilz d'autruy. Et, lesdiz termes expirez, li maires porra prendre iiij eskevins dou mains, et les mener à tour savoir se li bans est bien entretenus. Et sil va (²) des deffaillans, il soient cascun, par defaulte de renclosure, à iij s. blans, et pour deffaulte de relevage de cours d'iauwe ou fosset, cascun à iij s. blans.

Item, que tous yauwes (³) hiretages contre les wareskaix mettent leur bonnez (⁴) à descouvert en devens xv jours après le ban fait, sur paine de iij s. blans.

Item, que nulz ne peut loiier (⁵), de nuyt, chevaux, jumens, poutrains, vacques ne aultres bestes, emprès les warisons d'aultruy sans warde, sur v s. blans.

Item, que toutes wardes de biestes ne s'avanchent d'aler entre garbes d'aultruy ne entre diseaux (⁶) jusquez à lendemain quil seront rostet, sur iij s. blans.

Item, que tous subgés d'icelle justice et parroiche de Douchi pevent, le mois d'aougst, messonner et requeillier après les garbes loyés, tant au bled comme as marchs, en toutes les coustures de la dicte court Saint-Piere, et chou faire raisonnablement; car, qui seroit trouvez aultrement faisant dammage, cascun seroit à xij d. blans.

Item, que nulz porquiers ne puissent venir prangeser (⁷) leur pourchiaux sour les wareskaix de le ville en le dicte justice, sur loix de iij s. blans.

Item, que tous aubains demourans en desoubz la justice Saint-Piere audit lieu, et là yront de vie à mort, lors hoyrs remanans et aiant cause seront et demoront quite envers ledit seigneur, au jour du trespas d'yceulx, pour lequel milleur cattel ou wage (⁸) quil plaira mieulx prendre audit seigneur, sur les biens muebles appartenans à yceulx aubains au jour de leur ackoukement pour avoir après leur trespas de ceste maladie (⁹), et nom en devant sans mauvaise occquison.

Item, que tous wareskaix communs de la justice de Saint-Piere demou-

---

(¹) N'aillent, ne vaguent.
(²) S'il trouve.
(³) Ayant ?
(⁴) Bornes.
(⁵) Lier.
(⁶) Gerbes relevées sur le champ.
(⁷) Faire reposer.
(⁸) Gage.
(⁹) De leur mort.

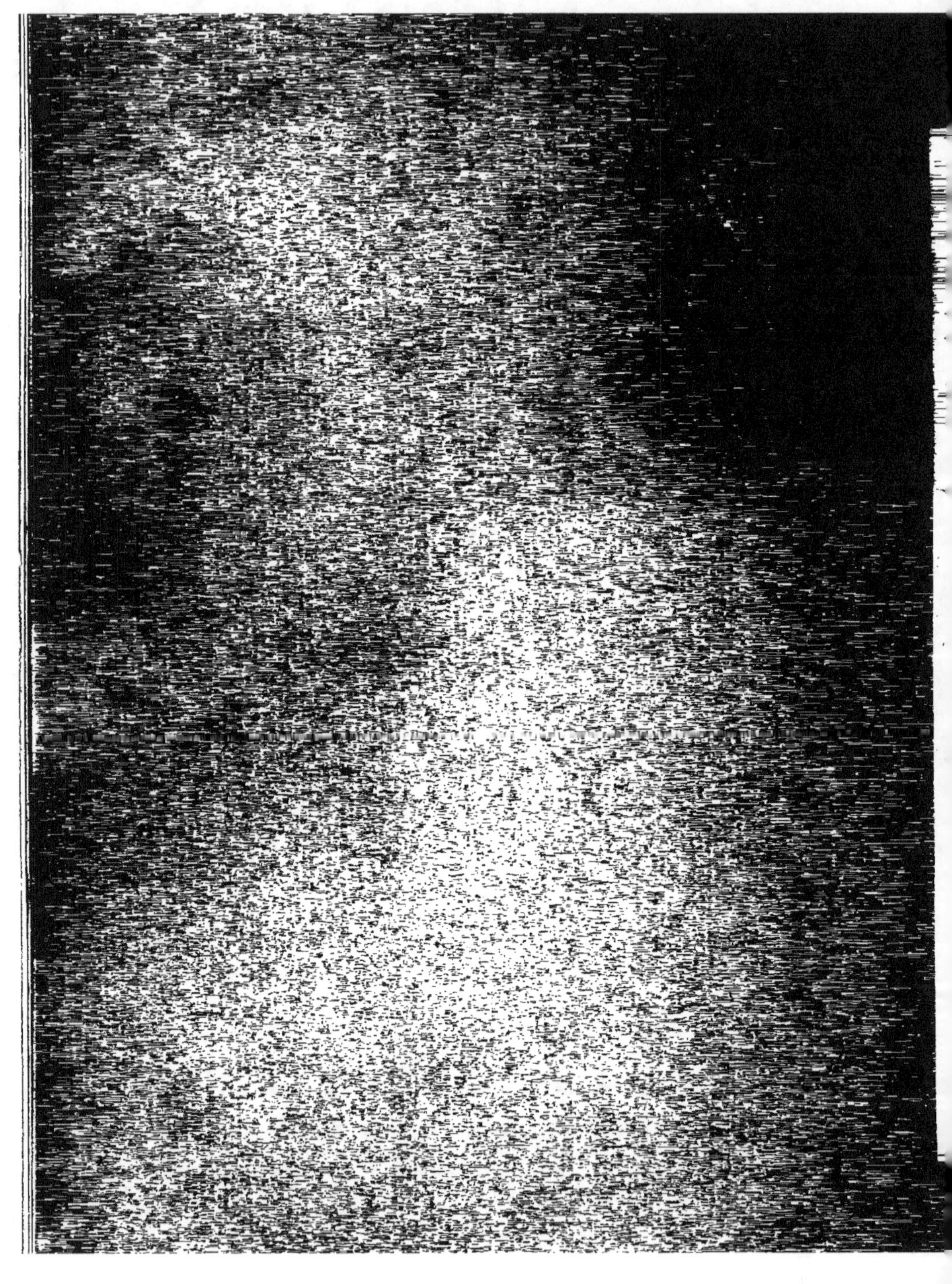

www.ingramcontent.com/pod-product-compliance
Lightning Source LLC
Chambersburg PA
CBHW061644060726
47597CB00005B/2047